뭉치 위대한 과학자 시리즈 01

꿈꾸는 아인슈타인 2
인생을 바꾼 엉뚱한 생각

초판 1쇄 발행   2024년 3월 30일

지은이	송은영
그린이	신영우
감수	김제완(서울대학교 명예교수)

펴낸이	이경민
펴낸곳	㈜동아엠앤비
출판등록	2014년 3월 28일(제25100-2014-000025호)
주소	(03972) 서울특별시 마포구 월드컵북로22길 21, 2층
홈페이지	www.dongamnb.com
전화	(편집) 02-392-6901 (마케팅) 02-392-6900
팩스	02-392-6902
SNS	f ⓘ blog
전자우편	damnb0401@naver.com

ⓒ 신영우, 2024
ISBN 979-11-6363-795-0 (77400)

※ 책 가격은 뒤표지에 있습니다.
※ 잘못된 책은 구입한 곳에서 바꿔 드립니다.

뭉치 MoongChi Books   도서출판 뭉치는 ㈜동아엠앤비의 어린이 출판 브랜드로, 아이들의 지식을 단단하게 만들어 주고, 아이들의 창의력과 사고력을 키워 주어 우리 자녀들이 융합형 사고뭉치와 창의뭉치로 성장할 수 있도록 좋은 책을 만들겠습니다.

뭉치 위대한 과학자 시리즈 01

꿈꾸는 아인슈타인

어린이과학동아
인기 연재 과학 만화

2 인생을 바꾼
엉뚱한 생각

감수자의 말

아인슈타인을 알면 세상이 보입니다!

20세기 최고의 과학자 아인슈타인의 이름은 누구나 다 알 것입니다. 하지만 인간 아인슈타인의 고뇌와 인생을 잘 아는 사람은 그리 많지 않습니다. 만화로 펴낸 '꿈꾸는 아인슈타인'을 보면 '아인슈타인의 인생과 어려운 상대성이론을 이렇게 쉽고 재미있게 풀어 낼 수 있구나' 하는 생각이 듭니다. 특히 아인슈타인이 상대성이론을 완성하는 데 즐겨 사용했던 '사고실험'으로 상대성이론을 설명하려 한 점은 참으로 독특한 발상입니다.

아인슈타인은 젊은 시절 사고실험을 통해 생각을 정리하면서 그 유명한 상대성이론을 도입하고 완성시켰습니다. 현대 과학은 아인슈타인의 상대성이론을 바탕으로 이루어져 있다고 해도 지나친 말이 아닙니다. 우주의 생성과 변천 그리고 별의 탄생과 죽음에 이르기까지 아인슈타인의 이론이 영향을 미치고 있습니다. 인간뿐만 아니라 생명체를 있게 하는 탄소와 그 밖의 원소들의 생성 역시 그의 이론에 따르고 있습니다.

또한 우리의 일상생활 곳곳에 아인슈타인이 살아 숨쉬고 있습니다. 어두운 밤을 환하게 밝히고 있는 전기의 40%가 원자력 발전에서 나옵니다. 이것은 아인슈타인 하면 누구나 떠올리는 유명한 공식 $E=mc^2$에서 나온 것입니다. '디지털카메라'와 GPS 내비게이터 역시 아인슈타인의 이론이 있기 때문에 가능한 것입니다. 일반상대성이론은 아직 완전하게 완성되었다고 할 수 없습니다. 지금도 제2의 아인슈타인을 꿈꾸는 물리학자들이 이를 완성하는 데 온갖 힘을 쏟고 있습니다.

아인슈타인을 알면 우주에서 일상생활에 이르기까지 세상이 보입니다. 이런 뜻에서 세상살이에 막 발을 들여놓은 어린이들에게 '아인슈타인' 만화가 나온다는 것은 정말로 뜻있는 일이라 할 수 있습니다.

김제완(서울대학교 명예교수)

작가의 말

아인슈타인을 보고 생각하는 힘을 길러 보세요!

창의력의 밑바탕에는 사고력이 큼지막하게 자리를 잡고 있습니다. 생각하는 힘은 창의력을 키우는 데 더없이 중요한 요소입니다. 인간을 가리켜 생각하는 동물이라고 합니다. 무거운 걸 들기 위해서 기중기를 개발했고 빨리 이동하기 위해서 자동차를 발명했으며 하늘을 날기 위해서 비행기를 만들어 냈습니다. 이 모든 것이 생각할 수 있는 힘을 가지고 있기 때문에 가능한 일입니다.

이처럼 우리가 더 나은 삶을 살아가는 데 꼭 필요한 것이 생각입니다. 그러나 이렇게 중요한 생각을 머릿속에만 꼭꼭 숨겨 둔 채 썩혀서는 안 됩니다. 값지고 의미 있게 써야 합니다. 생각을 가장 값지고 의미 있게 쓴 사람을 들라면 아인슈타인을 꼽을 수가 있습니다. 사람들은 아인슈타인을 가리켜서 백 년에 한 명 나올까 말까 한 위대한 천재라고 부릅니다. 사람들이 아인슈타인을 이토록 침이 마르도록 칭찬하는 데에는 생각하는 힘이 위대했기 때문입니다. 아인슈타인 이전에는 그 누구도 감히 하지 못한 기발한 생각을 그가 해냈습니다.

어린이 여러분도 상대성이론을 들어 보았을 것입니다. 아인슈타인이 완성해 낸 최고로 멋진 물리학 이론 말입니다. 아인슈타인은 자신의 생각하는 힘을 상대성이론에 아낌없이 쏟아부었습니다. 그러니 상대성이론을 이해하면 아인슈타인의 생각하는 힘을 고스란히 느낄 수가 있습니다.

저는 아인슈타인이라고 하는 위대한 인물과 상대성이론을 통해 그 안에 담긴 생각하는 힘을 여러분에게 쏙쏙 알려 주고 싶었습니다. '배부른 돼지가 되기보단, 배고픈 사람이 되겠다'는 말이 있습니다. 생각하면서 사는 삶이 그만큼 뜻있고 가치 있다는 말입니다. 여러분! 아인슈타인과 상대성이론을 통해 생각의 위대한 힘을 탄탄하게 키워 보세요.

송은영

차례

감수자의 말 4
작가의 말 5
등장인물 소개 8
사진으로 보는 **아인슈타인의 감동적인 생애** 10
들어가며 **대통령이 되어 주세요** 16

01 평범한 소년, 아인슈타인 21

02 왕따가 된 아인슈타인 45

- **03** 과학자의 꿈을 키워 준 세 사람 [67]
- **04** 절망에서 희망으로 [91]
- **05** 시련의 연속 [115]
- **06** 상대성이론을 완성하다 [139]
- **07** 우여곡절 끝에 받은 노벨상 [159]
- **08** 미국 망명과 맨해튼 프로젝트 [177]
- **09** 영원한 사고실험으로 떠나다 [193]

등장인물 소개

아인슈타인

4세까지 말도 제대로 못하는 평범한 아이에서 이스라엘 대통령으로까지 추대된 20세기 최고의 과학자. 평탄하지 않은 유년시절과 청년 시절을 잘 극복하고 26세에 상대성이론을 발표하여 전 세계를 깜짝 놀라게 했다. 42세에 노벨 물리학상을 수상했고 자기 때문에 원자폭탄이 만들어지고 투하됐다는 사실을 후회하면서 여생을 평화 운동에 전념했다.

아빠 헤르만 아인슈타인
엄마 파울리네 아인슈타인

아인슈타인을 가장 잘 아는 사람들. 어렸을 때부터 아인슈타인의 천재성을 알고 있었으나 밖으로 표현하지는 않았다. 아빠 헤르만은 아인슈타인에게 나침반을 선물하는 등 과학에 대한 호기심을 불러일으켜 줬고 엄마 파울리네는 아인슈타인에게 음악 공부를 시켜 천재성을 일깨우는 데 큰 역할을 했다.

그로스만

아인슈타인의 절친한 친구. 올림피아 아카데미의 일원으로 아인슈타인과 같이 연구를 했다. 자신의 노트를 아인슈타인에게 빌려 줘 아인슈타인이 대학 졸업 시험을 무사히 통과할 수 있도록 도와줬다. 특히 수학을 잘해 나중에 취리히 연방공과대학 수학과 교수가 됐는데, 아인슈타인이 일반상대성이론을 만들 때 수학적으로 많은 도움을 줬다.

베소

올림피아 아카데미의 일원. 아인슈타인의 학문적 고민과 생각을 가장 많이 들어 주고 토론을 한 절친한 친구이자 조언자. 아인슈타인과 토론을 하면서 특수상대성이론을 완성하는 결정적 단서를 제시하기도 했다.

막스

어렸을 적 아인슈타인에게 과학적 호기심을 충족시켜 준 의대생. 아인슈타인에게 과학에 대한 얘기를 자주 들려 주고 책도 빌려 주는 등 지적 호기심을 채워 주는 데 큰 역할을 했다.

밀레바

아인슈타인의 첫째 아내. 아인슈타인의 대학 동기로 올림피아 아카데미라는 공부 모임을 하면서 연인으로 발전했다. 아인슈타인이 상대성이론을 연구하고 완성하는 데 큰 역할을 했다. 한스와 에두아르트 두 아들을 낳았다.

야콥

아인슈타인의 삼촌으로 어렸을 적 아인슈타인에게 수학을 가르쳐 준 인물. 아인슈타인이 수학의 재미에 빠지는 데 큰 역할을 했다.

사진으로 보는 **아인슈타인의 감동적인 생애**

사진 | 동아일보, GAMMA, 프랑크푸르트 이론물리연구소, 독일 프랑크푸르트공대

1879 (탄생) 아인슈타인의 본 이름은 알베르트 아인슈타인으로 3월 14일 유대인 집안에서 태어났어요. 독일의 작은 마을 울름에서 아빠 헤르만 아인슈타인과 엄마 파울리네 사이에 1남1녀 중 첫째로 태어났는데 어찌나 뒤통수가 크던지 부모님이 걱정을 많이 하셨답니다.

1881 (2세) 알베르트 아인슈타인이 태어나고 다다음해인 1881년 11월 18일, 누이 동생인 마야가 태어났어요. 마야가 태어나자 어린 아인슈타인은 이런 깜찍한 말을 했답니다. '에이~, 바퀴가 안 달렸잖아?'

↑ 다섯 살 때 여동생 마야와 함께 찍은 사진.
← 독일 울름의 아인슈타인 생가.

1885 (6세) 어린 시절의 경험은 크면서 중요한 역할을 한답니다. 아인슈타인은 다섯 살 때 아빠가 사다 주신 작은 나침반을 보고 과학에 호기심을 갖게 되었고, 어머니로부터 배운 바이올린을 통해 수학을 더 잘 이해할 수 있었다고 해요. 후에 자신이 물리학자가 되지 않았다면 음악가가 됐을 거라고 말할 정도로 음악을 사랑했답니다.

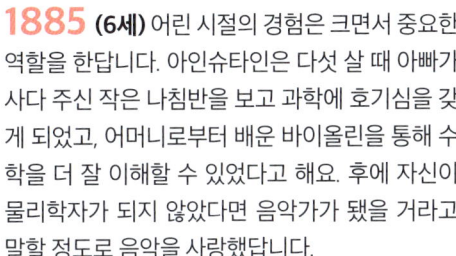

1889 (10세) 아인슈타인이 정말 싫어했던 것은 자유로운 상상력을 가로막는 것들이었어요. 독일 뮌헨의 루이폴트 김나지움(독일의 9년제 중등교육기관)에 입학했지만 군사적 기풍과 국가에 대한 충성, 복종, 규율 등 주입식 교육에 싫증을 느낀 나머지 정신병 치료까지 받아야 했대요. 결국은 자퇴를 하고 부모님이 사업을 하고 계시는 이탈리아로 떠났답니다.

1895 (16세) 아인슈타인은 스위스의 아가우칸톤 고등학교에 들어가면서 자유로운 분위기 속에서 마음껏 공부하고 창의적인 상상력도 살아나기 시작했어요. 아인슈타인은 이때 학교생활을 이렇게 기억했답니다. '아가우칸톤 고등학교를 들어간 건 하나의 축복이나 마찬가지였습니다.'

→ 독서와 연구, 사고실험에 몰두했던 젊은 시절의 아인슈타인.
↓ 아인슈타인의 절친한 친구였던 그로스만.

1896 (17세) 스위스 취리히연방공대에 입학한 아인슈타인은 자신의 인생을 좌지우지하게 될 세 명의 친구를 만나게 됩니다. 밀레바, 베소, 그로스만이 바로 그들이지요. 이 세 사람 덕분에 아인슈타인은 상대성이론을 완성할 수 있었답니다.

1902 (23세) 대학을 졸업하고 직장을 얻지 못해 고생하다가 스위스 베른 연방특허국 3등심사관으로 취직이 되어 안정된 생활을 하게 됩니다. 아인슈타인은 도면을 읽고, 발명가의 잘못된 논리를 찾는 특허국 일을 즐겼답니다. 또 남는 시간엔 틈틈이 상대성이론을 정리해 나갔지요.

1903 (24세) 가족의 반대를 무릅쓰고 밀레바 마리치와 결혼식을 했어요. '올림피아 아카데미' 친구들만 참가한 쓸쓸한 결혼식이었지만 밀레바는 아인슈타인이 특수상대성이론을 완성하는 데 아내로서, 학문적 조언자로서 큰 역할을 하게 됩니다.

1905 (26세) 과학자들은 1905년을 '기적의 해'라고 부른답니다. 아인슈타인이 한 해에 기적 같은 논문들을 연이어 발표했기 때문이지요.
3월에 처음 '광전 효과'를 발표했어요. 광전 효과는 빛이 알갱이와 같은 입자로 이루어져 있다는 걸 밝힌 이론이지요. 후에 아인슈타인은 이 논문으로 노벨상을 받지요.
5월에는 '브라운 운동'을 발표했어요. 통계 물리학에 새로운 길을 열어 준 의미심장한 논문으로, 취리히 공과대학은 아인슈타인에게 박사학위를 수여했어요.
6월에는 그 유명한 '특수상대성이론'을 발표했어요. 물리학연보에 발표된 이 논문은 세상을 떠들썩하게 만들었답니다.

1916 (37세) 일반상대성이론을 물리학연보에 발표해 세상을 또 한 번 깜짝 놀라게 했어요. 특수상대성이론을 발표하고 뭔가 부족하다는 것을 느낀 아인슈타인이 10여 년을 고민하다 내놓은 이론이지요. 아인슈타인은 일반상대성이론을 '내 생에 가장 운 좋은 착상'이라고 말했어요.

↑ 물리학연보에 발표된 특수상대성이론 논문.

← 아인슈타인에 수여된 노벨물리학상 증서.

1919 (40세) 사촌 엘자와 재혼을 했어요. 영국 천문학자 에딩턴이 일반상대성이론을 실험적으로 입증해서 아인슈타인의 진가가 올라가기 시작했답니다.

↑ '타임'지에 실린 엘자의 사진.

1921 (42세) 노벨상위원회는 아인슈타인의 논문 중 '광전 효과'에 대한 연구로 노벨물리학상을 수여했어요. 상대성이론은 노벨상을 주기에 너무 위험한(?) 이론이라고 생각했기 때문이었답니다.

1925 **(46세)** 중력과 전자기력을 통일하기 위한 통일장이론을 연구하기 시작했어요. 그러나 아인슈타인은 끝내 완성하지 못하고 눈을 감고 맙니다.

1933 **(54세)** 히틀러가 유대인을 학대하고 아인슈타인에게 5만 마르크의 현상금을 내걸자 신변에 위협을 느낀 아인슈타인은 독일을 떠날 수밖에 없었어요. 결국 미국 프린스턴 고등연구소에 새로운 보금자리를 갖게 되지요.

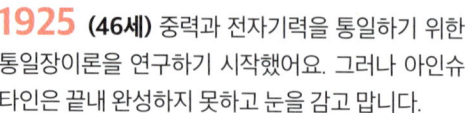

1939 **(60세)** 독일이 원자폭탄을 개발한다는 소식을 듣고 루스벨트 대통령에게 미국이 먼저 개발해야 된다는 편지를 보내 '맨해튼 프로젝트'를 가동시키는 데 결정적인 역할을 했어요. 이후 자신의 행동을 후회하며 핵전쟁을 반대하게 됩니다.

1945 **(66세)** 일본의 히로시마와 나가사키에 원자폭탄이 터졌어요.

1946 **(67세)** 원자력 과학자 비상위원회 최고 위원직을 맡아 핵전쟁을 반대하고 원자력의 평화적 이용을 위한 평화 운동에 일생을 바치게 됩니다.

1952 **(73세)** 이스라엘 대통령으로 추대되지만 정중하게 거절했어요.

1955 **(76세)** 4월 18일. 76세로 프린스턴에서 세상을 떠났답니다. 시신은 화장해 뿌려졌지만 뇌는 프린스턴 병원의 병리학자 토머스 하비 박사가 보관하게 되었답니다.

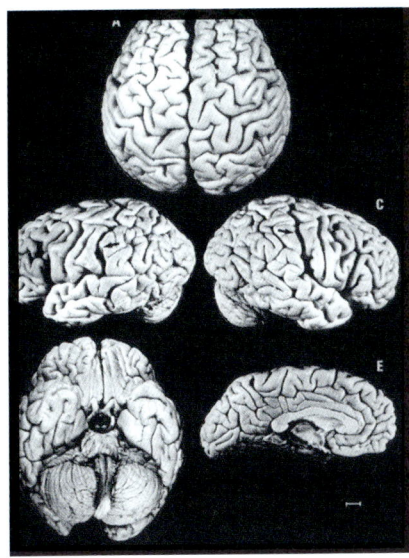

1985 아인슈타인의 뇌에 대한 연구 결과가 발표되었는데 무게는 보통 성인보다 가벼웠지만 주름이 많다는 결과가 나왔어요.

2000 미국의 타임지는 쟁쟁한 인물들을 제치고 알베르트 아인슈타인을 '20세기 인물'로 선정했어요.

2005 특수상대성이론 발표 100주년을 맞아 세계 곳곳의 사람들이 아인슈타인을 추모하고 그의 업적을 기렸답니다.

*게당케 게당케 인!

빠

샤

*게당케는 독일어로 '생각 또는 사고'라는 뜻이고 인은 영어의 인(in)으로 '안'이라는 뜻입니다. 즉 '게당케 게당케 인'이란 아인슈타인의 머릿속으로 들어가는 구호입니다.

으아아아아!

슈슈슈슉

1879년
독일.

박사님은 왜 저기 저렇게 조용히 앉아 계세요?

평소 박사님 같지 않은 분위기인데….

쉿!

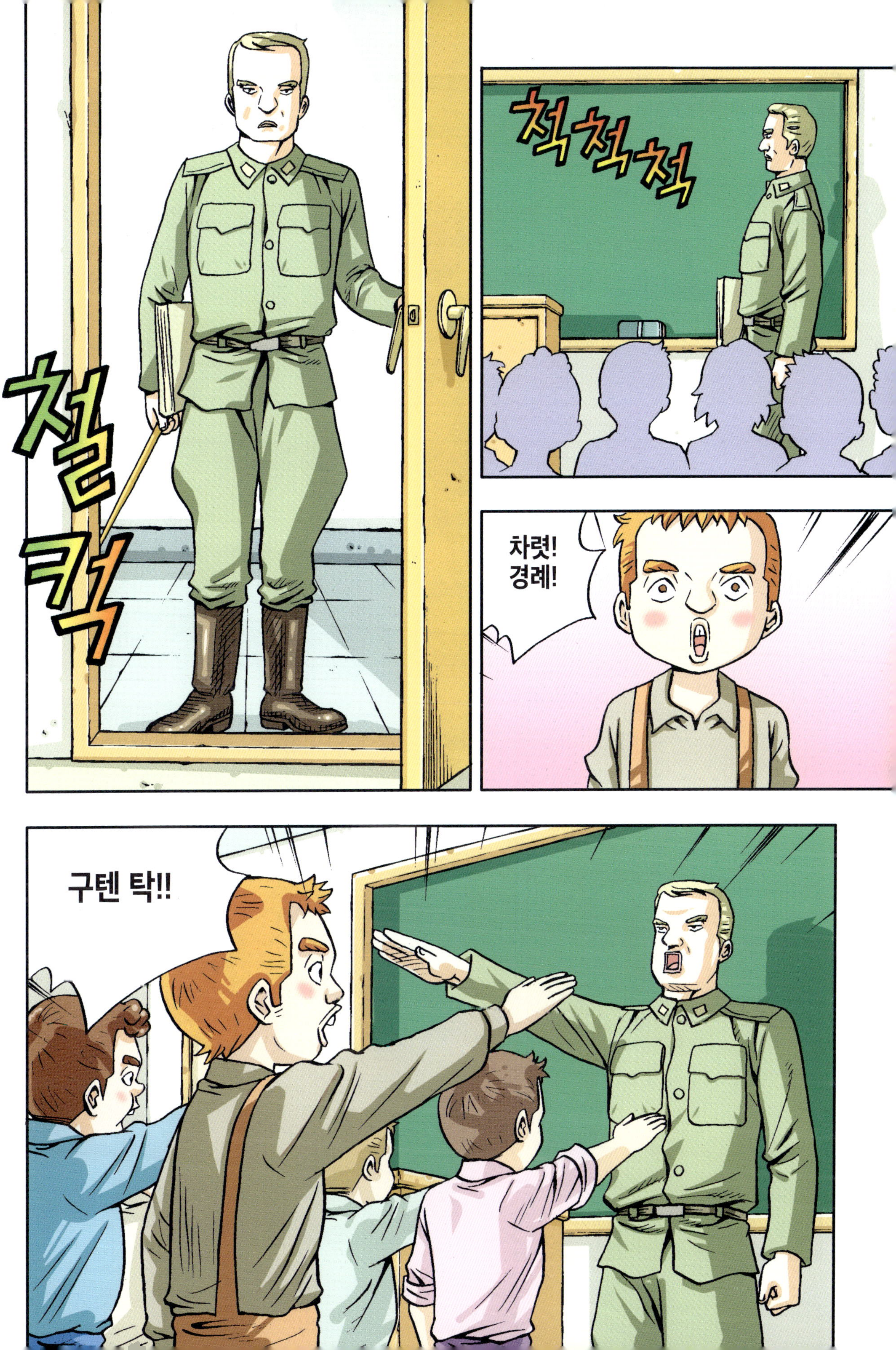

1871년 *비스마르크는 프랑스와의 전쟁을 승리로 이끌고, 여러 작은 나라로 분리돼 있던 독일을 통일했지.

* 비스마르크 : 독일 제국의 초대 총리로 독일 통일과 국가 발전에 공적이 큰 인물. 철혈정책으로 유명하다.

비스마르크는 독일의 실질적인 통치자가 되었어.

독일 국민들이여! 프랑스에 억눌려 살아온 지난 날을 절대로 잊지 말자!

비스마르크 만세!

통일 독일 만만세!!

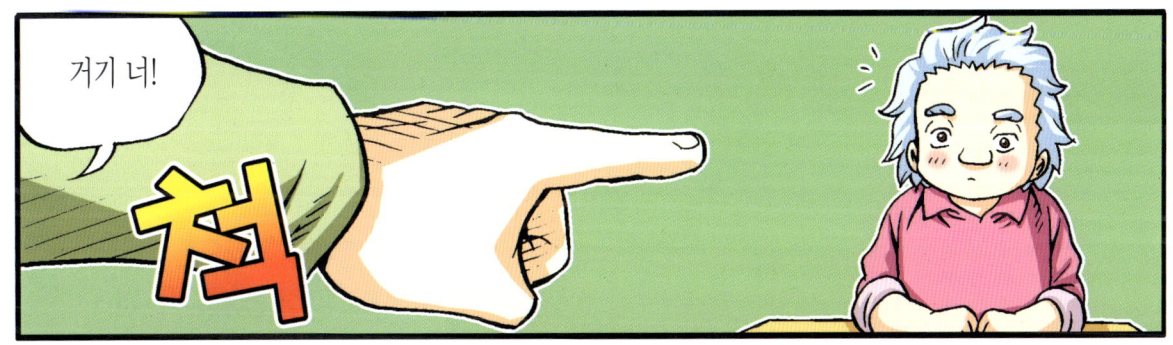

저 당시 학생들이 가장 즐겨하던 놀이는 전쟁놀이였단다.

독일 국민 모두가 전쟁 분위기에 휩싸였었지. 나라 전체가 온통 전쟁만 생각했다고 봐도 무방할 정도였으니까.

나라 전체가 군대였구나….

자, 자, 우리 아들! 이거 먹고 기운 내야지.

아~.

하하! 그것 참 재밌겠네요!

수학이 재미난 거군요!

삼촌, 다 풀었어요.

이야, 훌륭해! 장래의 천재 과학자감이야!

……

가족이 어디로 가는 거예요?

이탈리아로 떠나는 거란다.

무슨 일이 생겼나요?

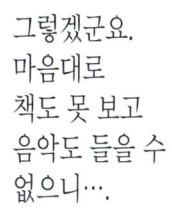

효과는 곧바로 나타났지. 학교를 그만두어도 좋다는 결정이 내려졌으니까.

나는 기꺼이 학교를 그만두고 부모님이 계시는 이탈리아로 갔단다.

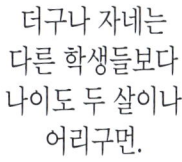

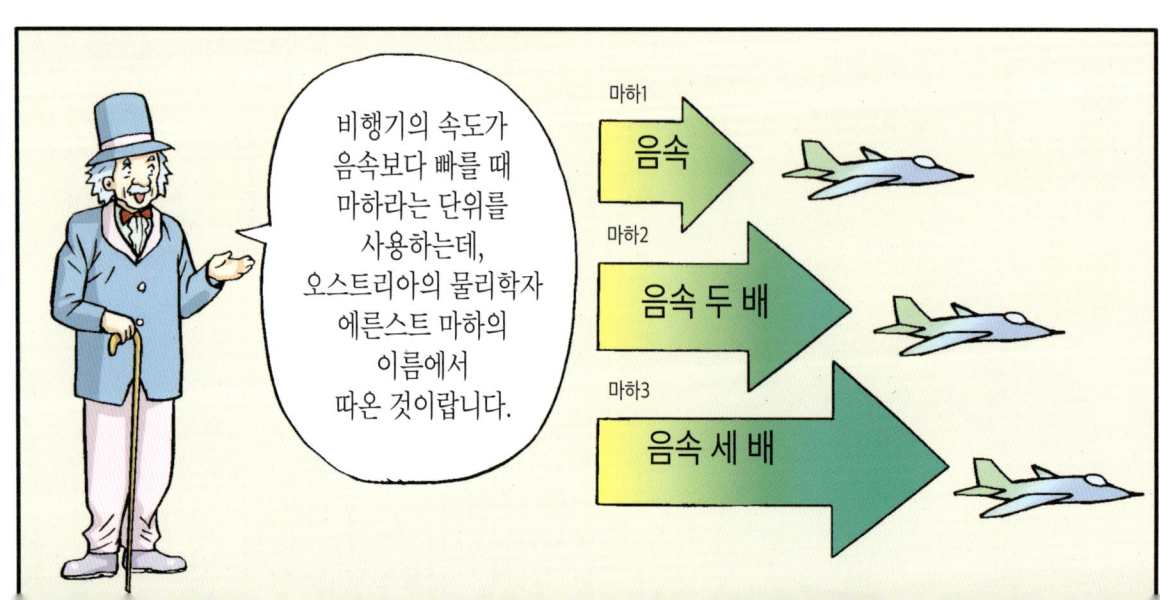

제6장
상대성이론을 완성하다!

드디어 취직했지!!

빰바라 밤

축하드려요, 박사님~!

불행 끝, 행복 시작~!

고생 끝에 낙이 온다~!

쥐구멍에도 볕들 날 있다~!

취직이 되자 이듬해 난 밀레바와 결혼해 안정된 가정을 꾸렸지.

안정된 생활, 아내 밀레바의 적극적인 도움으로 나는 상대성이론을 완성시킬 수가 있었지.

난 1905년 한 해 동안 특수상대성이론을 비롯해 광전효과, 브라운 운동 등 세 편의 논문을 발표할 수 있었단다. 특히 특수상대성이론은 5주 만에 완성했지.

5주 동안 너무 열심히 논문을 쓰다 보니 나중에는 기력이 떨어져서, 1~2주 동안 잠만 잤단다.

1905년, 내 나이 26세. 다섯 살 때 아버지가 사다 주신 나침반에 푹 빠져 처음으로 과학에 호기심을 가지게 되고, 열여섯 살부터 사고실험을 시작해, 대학 때 체계적으로 물리학을 공부해 쌓아온 모든 것들을 1905년 세 편의 논문에 모두 담았단다.

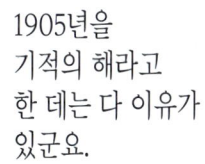

1905년을 기적의 해라고 한 데는 다 이유가 있군요.

후후~! 훗날의 결과로 봐선 기적이라 할 만하지.

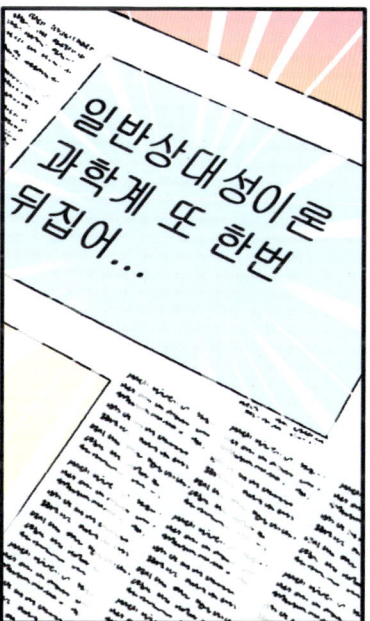

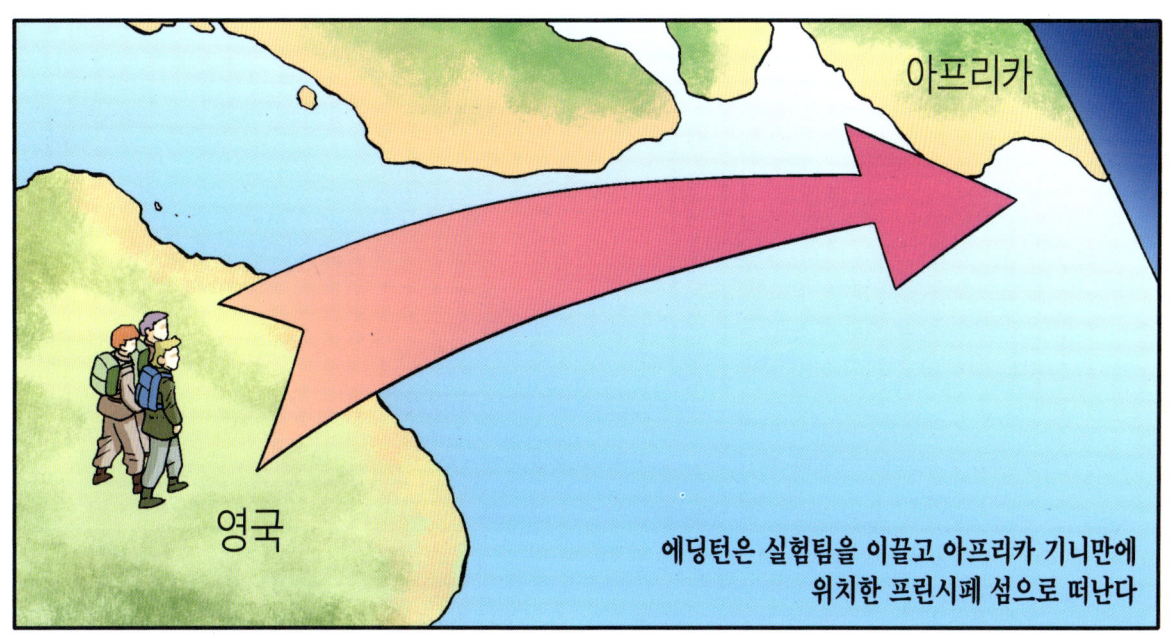

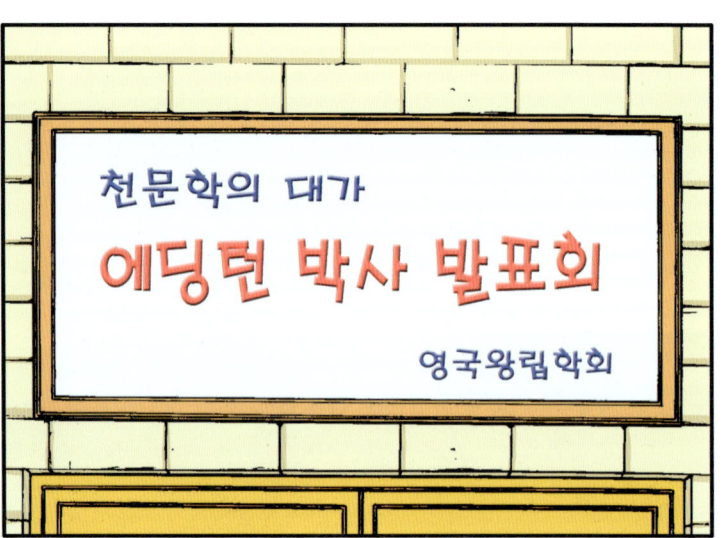

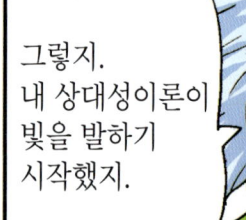

알겠습니다. 이번 노벨상에서 아인슈타인을 빼지요.

특수상대성 이론을 발표하고 난 10여 차례나 노벨 물리학상 수상 후보에 올랐단다.

예, 10여 차례나?!

하지만 이런 이유로 번번이 떨어졌지.

미스터 프레지던트 루즈벨트, 지금 독일에서는 핵폭탄 제조를 시작했다고 합니다….

…이것은 인류의 운명을 위협하는 위험천만한 일입니다. 특단의 조치를 취하셔서….

비서실장.

예.

제9장
영원한 사고실험으로 떠나다